Bastin

Der Garten

ist jetzt wunderschön, alle Rosen blühen üppig und ich pflücke jeden Tag einige als Tischschmuck. Vor meinem Fenster blüht eine ganz besondere Rose, mit der ich schöne Erinnerungen verbinde.

Ende 1994 besuchten wir in Amerika den Besitzer des Parfümhauses Crabtree & Evelyn. Er zeigte uns voller Stolz seinen prächtigen Garten, in dem noch eine letzte Rose blühte, üppig und duftend. Er erzählte, er habe diese Rose extra von David Austin, dem berühmten englischen Rosenzüchter, entwickeln lassen – als Symbol für seine Firma. Er pflückte sie für mich und noch tagelang duftete sie in einer Vase auf meinem Nachttisch im Hotel.

Mit viel Mühe hat mein Gartenfreund Wim „Evelyn" für mich in den Niederlanden aufgetrieben. Und nun blüht sie hier. Und duftet!

EVELYN

Schau

Schau mal,

die beiden Feldsperlinge tun genau
das, was ich eigentlich nach den
hektischen Tagen tun möchte:
einfach nur da sitzen.
Ins Leere blicken.
Sich ab und zu anschauen.
Mehr nicht.

Einfach nur da sitzen.

Mehr nicht.

mal!

Ins Leere blicken.

Sich ab und zu anschauen.

Ich habe Geburtstag,

aber es fühlt sich nicht so an.
Zwei Tage sind ein Fotograf und eine
Journalistin einer amerikanischen Zeitschrift
bei uns, um eine Reportage zu machen.
Dann zählen Geburtstage nicht.

Um mein Frühstücksbrettchen herum liegt ein Kranz aus Blumen, so als kämen sie aus einem uralten Poesiealbum. Mit den Geschenken warte ich noch ein bisschen. Es ist ein schöner, aber sehr anstrengender Tag, und als sie abends in ihr Hotel fahren, verschwinde ich eben in meinem Kräutergarten. Es ist so still hier und es riecht herrlich. Ein wenig therapeutisch zurückschneiden ... das hilft!
Jetzt habe ich Geburtstag!

Es ist ein schöner, aber
sehr anstrengender Tag.

Jetzt habe ich
Geburtstag!

Für meine beste Freundin,

der ich heute keinen frischen Strauß
schenken konnte,
auch wenn ich es gerne wollte.

Valentinstag

Alles Liebe, Marjolein

Dinstag
VALENTINSTAG
Viel Liebes
Marjolein
MB

Herrlich.

Es bleibt länger hell, die Vögel singen, es fühlt sich schon wie Frühling an, aber in der Natur gibt es noch nicht viel zu sehen.
Es kann tauen, aber es kann auch noch frieren.
Wir Menschen können nicht warten ...

Darum versuchen wir schon seit Hunderten von Jahren, den Frühling in unseren Gärten früher beginnen zu lassen. Dafür mussten wir unsere Nachbarn besuchen, wir holten Pflanzen aus anderen Ländern, Blumenzwiebeln aus der Schweiz, aus Griechenland und der Türkei und aus noch ferneren Ländern. Züchter begannen, damit zu arbeiten.
Mehr, größer, farbiger, doppelt und so weiter.
Und wer denkt heutzutage noch an ferne Länder, wenn er den Elfenkrokus blühen sieht?
Der kommt doch aus dem Gartencenter?

Den Frühling in der Natur können wir nicht früher beginnen lassen.
Aber wir können Herr im eigenen Garten sein.
Dank den fernen Ländern und den Züchtern.

MB

Farbenfroh?

Jetzt hat mich der Frühling wirklich erwischt!!!
Ich hatte für den Garten Tulpen bestellt:
cremefarben, zartgelb, rosa, schwarz.
Und diese kam ans Tageslicht: feuerrot.
Hilfe – etwas panisch pflückte ich einige.
Tat ein paar Narzissen dazu und
stellte sie in meinen Kaffeebecher ...
Wie üblich öffne ich die Tuben mit Rot und Gelb
und meine Zeichnung ist fertig. Ich glaube, dass ich
noch nie so viel Buntes auf einmal gezeichnet habe.
Eigentlich schon schön.

Der Weißdornspanner ist eigentlich ein Nachtfalter,
aber manchmal lässt er sich von der Morgensonne
verführen. Seine Raupen leben auf Weißdorn, Apfel,
Schlehe, Vogelkirsche und Eberesche.

Feuerrot

Sehr unnatürlich, das Feuerrot mit dem Knallgelb.
Bis mir die Wegränder im Juni einfallen:
Klatschmohn und Butterblumen. Natur pur!

Natur pur!

AQUAR

Glückwünsche

Auch wenn es unter dem Blumenstrauß,
den ich für dich gepflückt habe,
nicht mehr so gut zu lesen ist:

Nochmals die herzlichsten Glückwünsche!

Marjolein

Liebe Tineke!

Nochmals die herzlichsten Glückwünsche!

Liebe Tineke!
Marjolein

Die schönsten Muttertage

waren die Tage, die ich als Kind feierte, wenn ich selbst im Kindergarten etwas „Für Mama“ bastelte. Alles herrlich geheimnisvoll ... flüstern ... überraschen ... Zeichnung hinter dem Rücken ... selbst gepflückte Gänseblümchen.

Mütter ... wie die Kräuter in meinem Garten: Sie können gerne schöne Blüten haben, aber wichtig sind doch Nutzen und Verwendung. Die perfekte Mutter ist wahrscheinlich so wie ein schön blühender Ballen Thymian.

Vielleicht war ich keine so gute Mutter, keine Petersilie oder Thymian, sondern eher ein Gänseblümchen oder Löwenzahn. Oder manchmal eine Brennnessel. Aber perfekte Mütter sind sicher auch ziemlich langweilig. Vielleicht gibt es sie überhaupt nicht. Oder? Plötzlich fällt mir etwas ein. Ich bin doch ein nützliches Kraut: Ich heiße Marjolein, auf deutsch: Majoran!

Mammie, Ma
Grootmoeder-Oma
Omi, Mem

Wieder habe ich einen Strauß

Blumen aus meinem Garten geholt (und ich fühle mich fast schuldig – wie eine Verkäuferin in einer Bäckerei, die heimlich den leckersten Kuchen aus der Auslage holt, um ihn selbst zu essen).

Schau mal, wie viele Insekten sich an Nektar und Blütenstaub laben! Schon im Februar habe ich Bienen auf der blühenden Schneeheide und Hummeln in den Krokussen. Und ich habe den Wühlmäusen mit Hunderten von Schneeglöckchenzwiebeln eine Freude gemacht (sie sind beinahe alle). Anschließend kommt die Zeit der Käfer, Schmetterlinge, Schwebfliegen, Schnecken und Läuse. Die ihrerseits wieder ein leckerer Happen für allerlei Vögel sind. Und die Amseln und Drosseln freuen sich über unseren glatten Rasen!
So lässt es sich ein bisschen leichter „einkaufen".
In der Erde weiß Herr Maulwurf unser Paradies leider auch zu würdigen.

Schau mal!

**Ein Garten voller Glück.
Malen mit Farbe, ohne dass ich meine Pinsel nass machen muss.**

Herzlichen Glückwunsch,

sagte Wim, mein Gartenfreund, und setzte eine Kiste mit frisch gepflückten Kirschen aus der Betuwe auf meinen Schreibtisch. Ich bin verrückt nach Kirschen. Und während ich noch letzte Hand an meine Zeichnung anlegte, begann ich schon zu essen.

Zwei Stunden später klingelte es. „Von Herzen ...", sagte mein Freund Johan und gab mir eine Kiste Kirschen ... Zwei Kisten Kirschen, dann weiß man, was die nächste Zeichnung bringen wird. Das ist kein Zufall mehr.

Meine Freunde sind mir gleich lieb. Ich nehme immer eine Kirsche aus der Kiste von Wim und dann eine aus der von Johan. Herrlich! Mein Tisch sieht schon bald etwas chaotisch aus mit all den Stielen. Sie ähneln einer Keilschrift. Oder chinesisch.

Kirschen aus der Betuwe

Herrlich!

MB

Mein Gartenstuhl

scheint in jeder Jahreszeit die Farbe zu wechseln. Im Winter zwischen all dem Braun und Grau wirkt er fast bunt – aber im Sommer muss er sich voll ins Zeug legen, um mit den fantastischen Blautönen des Rittersporns mitzuhalten. Der Blauton, der beim Rittersporn nicht zu finden ist, muss noch erfunden werden.

Einst ist der wilde Rittersporn als Ackerunkraut aus dem Mittelmeerraum mit dem Getreide mitgekommen. Er setzte seine Reise in die mittelalterlichen Medizinschränke fort: Der Saft der Blätter schien ausgezeichnet bei der Heilung von Wunden zu helfen und aus den Samen wurde eine Tinktur hergestellt, die alle Läuse in die Flucht schlug. Alles am Rittersporn ist giftig außer den Blüten. Die bringen Hummeln und Bienen in meinen Garten.

„BLUE TIT"
„CROWN JEWEL"
„HIGH SOCIET
MB

Eine Insel in der Karibik...

Ich arbeite hier normal weiter – aber ich pausiere
in einer Hängematte im Schatten einer großen
Seetraube direkt am türkisfarbenen Meer.
Merkwürdig, ständig fallen Schalen aus dem Baum.
Was ist das? Wer auch immer es verursacht,
er muss doch wohl mal aufhören?
Aber er hört nicht auf. Jetzt will ich es aber wissen!
Ich schaue nach oben und sehe nur Grün, Schatten
und Sonne in den dicken ledernen Blättern.

Endlich entdecke ich sie:
Es sind zwei Papageien, die schweigend aus einer
Traube nach der anderen die Kerne entfernen.
Und meine Hängematte ist ihr Mülleimer ...

AMAZONA LEUCOCEPHALA CAYMANENSIS
MB

Aurorafalter,

Symbol für den Frühling! Im April entpuppen sie sich. Sie werden bis Anfang Juni fliegen und legen ihre Eier auf Wiesenschaumkraut, Knoblauchsrauke oder Judaspfennig, denn dies sind die Pflanzen, die ihre Raupen gerne mögen. Nur das Männchen hat die orangefarbenen Flügelspitzen.
Das Weibchen ähnelt dem Kohlweißling.
Das vermisse ich im Winter am meisten: dass ich nicht mal eben in den Garten kann, um Blumen für meinen Schreibtisch zu pflücken.

Notiere: Dieser Schmetterling heißt „Liebling".

Es lebe der Frühling!!!

Notiere:
Dieser Schmetterling heißt „Liebling".

Mein Kräutergarten

ist voller Nutzpflanzen. Jede Pflanze hat ein Ziel.
Die meisten enden in meiner Küche.
Aber zwei Flecken habe ich frei gelassen,
um mit Pflanzen zu spielen, die ich einfach nur
schön finde. Von jeder eine, kreuz und quer,
ein buntes Durcheinander.
Und von dort kommt dieser hübsche Strauß.
Siehst du, nicht alles muss nützlich sein.

kreuz & quer

Siehst du,

nicht alles muss nützlich sein.

Zum ersten Mal

habe ich meinen Geburtstag in Amerika gefeiert. Der Termin um neun Uhr erwies sich als Ausrede: „Happy birthday to you", ein Zimmer voll singender Freunde. Außer einer Menge selbst gebackener Kuchen und Häppchen, Blumen und Geschenken bekam ich eine Vase mit einem Strauß darin, worüber ich sehr gerührt war. Was für ein wilder Farbhaufen!!! Zu Hause stellte ich ihn auf meinen Schreibtisch.

Ich fand, dass er immer schöner wurde.
Bis ich ihn am Ende zeichnen wollte.
Sooo schön!

Happy birthday to you

Sooo schön!

Gaston

hat mir einen Stern von Bethlehem aus dem Dorf mitgebracht. Ein entfernter Verwandter unserer wilden Glockenblumen. Die sind so schön, dass man sie sofort pflücken will.
Das Risiko, wenn man so schön ist ... Nicht tun!!!
Alle Glockenblumen stehen unter Naturschutz, aber man kann sie in Gartencentern kaufen. Gut für jahrelange Freude im Garten. Allerdings muss ich sie hier in der Veluwe mit den Kaninchen teilen, die auch ganz verrückt nach ihnen sind.

Die häufigste Glockenblumenart ist unsere rundblättrige Glockenblume. Himmelblau.
Wie eine E-Mail von einem Engel. Dieses pure violette Blau ist die Firmenfarbe des Himmels.

Die bunten Fliegenschnäpper sind ausgeflogen.
Siehst du, was für ein anderes Blau das ist?
Das Blau des Wassers, aus der Karibik!

Campanula persicifolia
Campanula rapunculus
Campanula rapunculoides
MB
ampanula rotundifolia

Nie im Leben

könnte ich so einen Strauß Enziane pflücken,
auch wenn es sie hier zu Hunderten gibt.
In den Alpen stehen sie überall unter Naturschutz.
Aber sie sehen begehrenswert aus, blauer als blau.
Blauer als der tiefste Bergsee. Tja, und dann nimmt
man einfach Farbkasten und Pinsel und füllt
aquarellierend den Becher, der auf dem Tisch steht.
Auf Papier kann man zaubern.
Kein Bußgeld von 500 Schweizer Franken!

Von Kindesbeinen an wollte ich einen Schweizer
Bauern heiraten, so einen in Lederhose
mit Edelweiß und Alpenrosen darauf.
Mein Mädchenzimmer war voll mit Bildern der
Schweizer Berge, nicht mit Filmstars.
Die Schweizer Nationalhymne sang ich immer mit.
Jetzt laufe ich mit Gaston durch die Schweizer
Berge. Keine Lederhose mit Edelweiß.
Nein, so weit habe ich ihn nicht gekriegt.

MB

Was hätte ich

den letzten Blumenstrauß, den ich auf den Feldern
rund um unser amerikanisches Haus gepflückt
habe, gerne für sie mitgenommen. Ich hatte ihn in
einen meiner Emailletöpfe auf den Tisch gestellt
und plötzlich musste ich an Merel denken
... die fröhlichen Grundfarben.
Wirklich, ein Kinderstrauß!

Als sie geboren wurde, hoffte ich, dass sie ein
Naturkind werden würde. Und das ist sie!
Ein Landkind, so klein wie sie ist.
Käfer, Gänseblümchen, Hühner, Steine.
Ihre Welt ist draußen.

Glückwunsch, wunderbares Enkelkind, Blumen
für unsere kleine Merel. Und einen Kuss!

Glückwunsch
wunderbares Enkelkind

Blumen für unsere kleine Merel.

Und einen *Kuss!*

MB

Auch wenn ich

ganz verrückt nach ihnen bin, begreife ich nun besser, warum die Amerikaner die Waschbären – raccoons – lieber gehen als kommen sehen.
Jeden Abend mache ich eine Dose Katzenfutter für Ma und ihre drei großen Kinder fertig, mit einem Berg aus Sonnenblumenkernen und Mais. Es wird heftig darum gekämpft und meistens gewinnt Ma. Während sie geräuschvoll die Dose „Kaninchen mit Leber“ oder „Lachs mit Garnelen“ ausleckt, begeben sich ihre Kinder auf Beutezug.
Reste Vogelfutter, Frösche und Fische aus dem Tümpel neben der Haustür.
Mein schönes hölzernes Futterhäuschen, das auf der Gartenmauer steht, hole ich jeden Abend herein. Aber manchmal vergesse ich es ...

raccoons

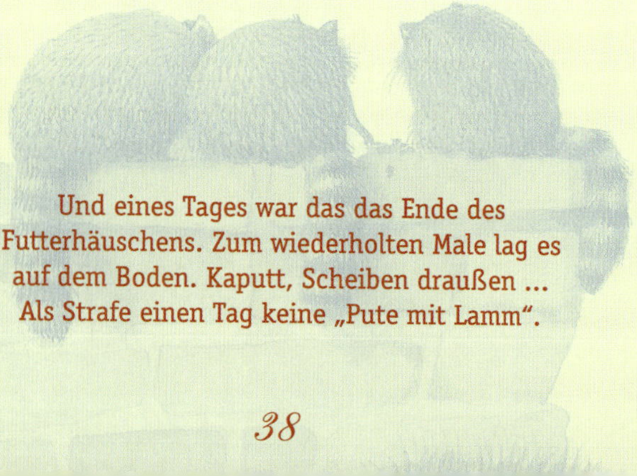

Und eines Tages war das das Ende des Futterhäuschens. Zum wiederholten Male lag es auf dem Boden. Kaputt, Scheiben draußen ... Als Strafe einen Tag keine „Pute mit Lamm“.

MB

Als ich neun war,

bekam ich ein Poesiealbum. Rotes Lederimitat mit einem goldenen Schild darauf. Mein Vater schrieb ein Gedicht hinein mit einer Zeichnung ... was nicht „richtig" war, denn es gehörten keine Zeichnungen hinein ... Einige Leute klebten eine Karte zu ihrem Gedicht: völlig falsch!

Nein, erst meine Freundinnen, die wussten, was sich gehörte. Ein Vers über ewige Freundschaft und Treue sowie ein altmodisches Glanzbildchen. Wenn sie sich viel aus dir machten, bekamst du eins mit Relief – oder noch besser ... mit Glitter! Himmelblaue Vergissmeinnicht, junge Kätzchen, Mädchen auf der Schaukel.

„Rosen, Tulpen, Nelken,
alle Blumen welken,
nur das eine Blümlein nicht,
und das heißt Vergissmeinnicht."

Vergissmeinnicht

Weihnachten

Es ist Weihnachten.
Alle Läden sind geschlossen.
Keine Hetze, nur Fest.
Karten, die noch nicht weg sind,
kommen doch nicht mehr an.
Ich lege sie zur Seite,
zusammen mit meinen Schuldgefühlen.

Frohe Weihnachten!

MB

Landwirtschaftsverlag GmbH, 48084 Münster

Printed in Germany

ISBN 3-7843-3199-8

Gestaltung: high standArt, Münster
Übersetzung: Dorothea Raspe
Gesamtherstellung: LV Druck
im Landwirtschaftsverlag GmbH

Gedruckt auf chlorfrei gebleichtem Papier